Merdie Ntshankana-Tondo

Jamais de Congo sans sa partie Est

Merdie Ntshankana-Tondo

Jamais de Congo sans sa partie Est

Pas de balkanisation au Congo

Dictus Publishing

Imprint

Any brand names and product names mentioned in this book are subject to trademark, brand or patent protection and are trademarks or registered trademarks of their respective holders. The use of brand names, product names, common names, trade names, product descriptions etc. even without a particular marking in this work is in no way to be construed to mean that such names may be regarded as unrestricted in respect of trademark and brand protection legislation and could thus be used by anyone.

Cover image: www.ingimage.com

Publisher:
Dictus Publishing
is a trademark of
Dodo Books Indian Ocean Ltd. and OmniScriptum S.R.L publishing group

120 High Road, East Finchley, London, N2 9ED, United Kingdom
Str. Armeneasca 28/1, office 1, Chisinau MD-2012, Republic of Moldova, Europe
Managing Directors: Ieva Konstantinova, Victoria Ursu
info@omniscriptum.com

Printed at: see last page
ISBN: 978-3-659-55979-2

Table des matières

Introduction 7

   A. Présentation du sujet 7

   1. Contexte géographique et historique de l'Est de la RDC 7

   2. Importance de la région dans le cadre national et régional 7

   B. Objectif de l'œuvre 8

   3. Analyser les causes profondes des conflits dans l'Est de la RDC 8

   4. Explorer des pistes de solutions envisageables 8

Contexte historique 10

   A. Histoire pré-coloniale 10

   1. Sociétés et royaumes autochtones 10

   2. Rôle des échanges commerciaux 10

   B. Période coloniale 11

   3. Impact de la colonisation belge 11

   4. Exploitation des ressources naturelles 11

   C. Indépendance et premières crises 12

   1. Les conflits post-indépendance 12

   2. L'impact de la guerre froide sur la RDC 13

Sources des conflits dans l'Est de la RDC 14

   A. Conflits ethniques et identitaires 14

1. Diversité ethnique et tensions intercommunautaires 14

2. Utilisation des identités comme outil de manipulation politique 14

B. Ressources naturelles 15

3. Conflits liés à l'exploitation des minéraux (coltan, or, diamants) 15

4. Le rôle des multinationales et de la corruption 16

C. Infrastructures et gouvernance 17

5. L'absence d'infrastructures de base 17

6. Faiblesse des institutions et corruption 17

Impact des conflits 19

A. Sur les populations locales 19

1. Displacement et réfugiés 19

2. Violations des droits humains 19

B. Sur l'économie 20

3. Effondrement des services publics 20

4. Impacts sur l'agriculture et le commerce 21

C.   Sur la stabilité régionale 22

5. Effets sur les pays voisins 22

6. Transnationalisation des conflits 22

Pistes de solutions 24

A. Renforcement de la gouvernance 24

1. Promouvoir la transparence et la lutte contre la corruption 24

2. Renforcer les institutions locales 24

B. Gestion des ressources naturelles 25

3. Mettre en place un cadre légal pour l'exploitation des ressources 25

4. Favoriser un développement durable et inclusif 25

C.   Réconciliation et dialogue social 26

5. Initiatives pour la paix et la réconciliation entre communautés 26

6. Importance du dialogue entre acteurs politiques et civils 27

D.   Engagement communautaire 27

7. Renforcer le rôle des organisations de la société civile 27

8. Mobiliser les jeunes pour la paix 28

Études de cas 29

A. Exemples de réussite dans la région 29

1. Initiatives locales de paix 29

2. Récits de communautés ayant surmonté des conflits 30

B. Analyse des échecs 31

3. Projets mal conçus et leurs conséquences 31

4. Le rôle des acteurs externes 31

Conclusion 33

A. Résumé des enjeux clés 33

1. L'importance de la compréhension des causes des conflits** 33

2. La nécessité d'une approche multidimensionnelle pour la résolution 33

B. Appel à l'action 34

3. Impliquer la communauté internationale 34

4. Encourager un engagement soutenu des acteurs locaux 34

Annexes.. 36

A. Bibliographie et ressources supplémentaires 36

1. Livres et Articles 36

2. Rapports et Études... 37

3. **Ressources en ligne** 37

B. Témoignages de personnes affectées par les conflits 38

1. **Témoignage de Marie, survivante de la violence en République
Démocratique du Congo** 38

2. **Témoignage de Joseph, ancien combattant dans le
Sud-Soudan** 38

3. **Témoignage d'Aisha, leader communautaire au Burundi** 38

C. Informations sur les ONG et initiatives pour la paix...................... 39

1. **ONG dédiées à la paix et à la réconciliation**........................ 39

2. **Initiatives et programmes** 39

3. **Réseaux et coalitions** 40

Remerciements.. 42

Introduction

A. Présentation du sujet

1. Contexte géographique et historique de l'Est de la RDC

· Géographie : La région de l'Est de la République Démocratique du Congo se caractérise par sa diversité géographique, incluant des montagnes, des lacs et des forêts luxuriantes. Cette richesse naturelle en fait une région stratégique.

· Histoire : La région a un passé complexe marqué par des royaumes autochtones, la colonisation belge et des périodes de conflits politiques. Des événements marquants, tels que la guerre du Congo (1996-2003), ont contribué à une instabilité chronique.

2. Importance de la région dans le cadre national et régional

· Économie : L'Est de la RDC est riche en ressources naturelles, notamment les minéraux comme le coltan et l'or, qui attirent à la fois des investissements et des convoitises qui exacerbent les conflits.

· Société : La diversité ethnique et culturelle est un atout, mais aussi un facteur de tensions intercommunautaires. L'Est est un baromètre des défis sociaux et politiques du pays, influençant la stabilité de la région des Grands Lacs.

·

- Géopolitique : La région est au cœur de la dynamique des acteurs régionaux et internationaux, et son conflit a des répercussions sur la sécurité et les relations diplomatiques avec les pays voisins (Rwanda, Ouganda, etc.).

B. Objectif de l'œuvre

3. Analyser les causes profondes des conflits dans l'Est de la RDC

- L'œuvre visera à identifier et à approfondir les racines de l'instabilité à travers l'étude des facteurs ethniques, économiques, environnementaux et politiques à l'origine des conflits.

- Une analyse structurée des dynamiques de pouvoir, de l'exploitation des ressources et des aspirations des différentes communautés sera essentielle pour comprendre comment ces éléments s'entrelacent pour créer et perpétuer le cycle de violence.

4. Explorer des pistes de solutions envisageables

- L'œuvre devra également proposer des solutions réalistes et pragmatiques pour résoudre les conflits actuels. Cela inclura une réflexion sur le rôle de la gouvernance, la gestion des ressources naturelles, la réconciliation entre communautés ainsi que des initiatives locales de paix et de développement.

· L'engagement des acteurs locaux et internationaux, ainsi que l'importance de programmes de réhabilitation sociale et économique, seront des éléments clés dans cette quête de solutions durables.

Contexte historique

A. Histoire pré-coloniale

1. Sociétés et royaumes autochtones

· Avant l'arrivée des colonisateurs européens, l'Est de la République Démocratique du Congo était peuplé de diverses sociétés et royaumes, tels que le royaume du Kongo, le royaume de Luba et le royaume de Tutsi. Ces entités politiques avaient des structures sociales bien établies, des traditions culturelles riches, et des systèmes de gouvernance locales.

· Les populations autochtones avaient des systèmes d'organisation sociale basés sur des clans, des lignées et des communautés qui ont structuré leurs interactions. La coexistence pacifique ainsi que les alliances matrimoniales et commerciales entre différents groupes ethniques ont joué un rôle important dans la stabilité de la région.

2. Rôle des échanges commerciaux

· Les échanges commerciaux entre les différents royaumes et avec d'autres régions de l'Afrique ont favorisé le développement économique. Des routes commerciales traversaient la région, permettant le commerce de divers biens, y compris des produits agricoles, des tissus, de l'ivoire et des métaux précieux.

· Ces échanges ont également favorisé des dynamiques d'intégration culturelle et des influences extérieures, créant un tissu complexe d'interactions entre les groupes ethniques de l'Est de la RDC et les autres régions de l'Afrique.

B. Période coloniale

3. Impact de la colonisation belge

· À la fin du XIXe siècle, la colonisation belge a radicalement transformé le paysage politique, économique et social de l'Est de la RDC. Le modèle colonial, centré sur l'exploitation, a entraîné des changements drastiques dans les rapports de pouvoir locaux et a sapé les structures politiques autochtones.

· La mise en place d'un système de contrôle centralisé qui marginalisait les autorités traditionnelles et la brutalité des méthodes d'administration, notamment au travers de la Force publique, ont provoqué un ressentiment durable. La colonisation n'a pas seulement causé des souffrances humaines, mais a aussi engendré une déconnexion avec les ressources naturelles de leur territoire.

4. Exploitation des ressources naturelles

· L'exploitation des ressources naturelles, notamment l'ivoire, le caoutchouc et plus tard les minéraux comme le cuivre et le cobalt, a été au cœur de l'économie coloniale. La colonisation belge, particulièrement sous Léopold II, s'est illustrée par des pratiques de travail forcé qui ont causé des millions de morts et des traumatismes profonds au sein de la population autochtone.

• Cette exploitation a non seulement enrichi la Belgique, mais a également créé des rivalités et des tensions autour du contrôle de ces ressources, rivalités qui se poursuivent jusqu'à aujourd'hui.

C. Indépendance et premières crises

1. Les conflits post-indépendance

• La RDC a obtenu son indépendance le 30 juin 1960. Cependant, l'absence d'une préparation adéquate pour gérer la transition politique a entraîné une crise immédiate. Les tensions ethniques et les rivalités historiques se sont ravivées, exacerbées par la compétition pour le pouvoir parmi les leaders politiques émergents.

• Des conflits tels que la sécession du Katanga, soutenue par des intérêts étrangers, ont mis en lumière les fragilités de l'État. L'assassinat du Premier ministre Patrice Lumumba et l'instauration du régime de Mobutu Sese Seko qui a suivi ont plongé le pays dans une dictature marquée par la corruption et la mauvaise gouvernance.

2. L'impact de la guerre froide sur la RDC

· Pendant la guerre froide, la RDC est devenue un enjeu stratégique pour les États-Unis et l'Union soviétique. Les intérêts géopolitiques ont souvent pris le pas sur le bien-être des Congolais. Le soutien de Mobutu par les États-Unis, malgré ses violations des droits de l'homme, a été motivé par la volonté de contenir l'influence soviétique.

· Cette période de tensions géopolitiques a engendré des conflits internes prolongés. Le soutien étranger aux différents belligérants a exacerbé les crises internes et a jeté les bases des conflits qui suivraient dans les décennies suivantes, illustrant l'intersection entre la dynamique locale et les enjeux globaux.

Sources des conflits dans l'Est de la RDC

A. Conflits ethniques et identitaires

1. Diversité ethnique et tensions intercommunautaires

• L'Est de la RDC est peuplé d'une mosaïque d'ethnies, dont les principales comprennent les Bahutu, les Batutsi, les Luba, les Hunde et les Nande. Cette diversité est à la fois une richesse culturelle et un facteur de tensions. Les rivalités historiques entre ces groupes, exacerbées par des investissements externes et des politiques coloniales divisées, ont engendré des conflits autour des questions de pouvoir, de territoire et d'accès aux ressources.

• Les massacres, les déplacements forcés et les affrontements armés entre communautés sont fréquents, alimentés par des griefs historiques et des mémoires de violence qui se transmettent de génération en génération. Ces tensions ethniques se manifestent souvent à travers une lutte pour le contrôle de territoires et de ressources.

2. Utilisation des identités comme outil de manipulation politique

• Les politiciens et les groupes armés ont souvent exploité les identités ethniques pour renforcer leur pouvoir et justifier la violence. Cette instrumentalisation des identités favorise l'exclusion de certaines communautés et divise la population, rendant plus difficile l'établissement d'un dialogue pacifique.

· Des partis politiques et des chefs militaires sont souvent associés à des groupes ethniques spécifiques, ce qui renforce des divisions et peut conduire à une escalade de la violence. Cela a également pour effet de créer des "alliances" temporaires qui s'effritent dès que les intérêts individuels changent, rendant la paix fragile et difficile à maintenir.

B. Ressources naturelles

3. Conflits liés à l'exploitation des minéraux (coltan, or, diamants)

· Les ressources naturelles de l'Est de la RDC, notamment le coltan, l'or et les diamants, sont des moteurs majeurs de conflits. La lutte pour le contrôle de ces ressources a entraîné des guerres ouvertes et des conflits armés, souvent financés par le commerce illicite de minéraux.

· Les groupes armés rivalisent pour le contrôle des mines et des routes d'approvisionnement, se livrant à des pratiques violentes pour imposer leur domination. Cela crée un cercle vicieux où la richesse générée par les ressources naturelles alimente des conflits, renforçant la précarité des populations locales.

4. Le rôle des multinationales et de la corruption

· Les multinationales jouent un rôle clé dans l'exploitation des ressources naturelles en RDC, parfois en complicité avec des groupes armés et des acteurs corrompus au sein du gouvernement. Ce partenariat sordide favorise une situation où les bénéfices réalisés ne profitent pas aux communautés locales mais s'évaporent dans les poches de quelques acteurs puissants.

· La corruption systémique à tous les niveaux, comprenant la malversation dans l'attribution des licences d'exploitation, empêche toute forme de développement durable et accentue les inégalités économiques, rendant la situation encore plus explosive.

C. Infrastructures et gouvernance

5. L'absence d'infrastructures de base

- L'Est de la RDC souffre d'un déficit d'infrastructures essentielles, telles que les routes, les écoles et les établissements de santé. Cette désuétude renforce l'isolement de nombreuses communautés et limite l'accès aux services de base, créant un terrain fertile pour le mécontentement populaire et les révoltes.

- L'absence d'infrastructures adéquates entrave également les initiatives de développement économique et la création d'emplois, conduisant à des niveaux de pauvreté élevés, particulièrement parmi les jeunes, ce qui peut alimenter des cycles de violence.

6. Faiblesse des institutions et corruption

- Les institutions politiques en RDC sont souvent jugées inefficaces et peu fiables. La faiblesse de l'État, accentuée par la corruption et la mauvaise gouvernance, limite la capacité à imposer la loi et à gérer les conflits de manière équitable.

- Cette défaillance des institutions rend difficile l'instauration d'un dialogue entre les communautés et l'État, favorisant l'usage de la violence comme moyen de résolution des conflits. En l'absence de justice, les populations peuvent être tentées de recourir à des mécanismes informels ou militaires pour défendre leurs droits et leurs intérêts.

Ces sources de conflits dans l'Est de la RDC révèlent un enchevêtrement complexe de facteurs humains, économiques et politiques qui nécessitent une approche intégrée pour être appréhendées et, finalement, résolues. Une analyse approfondie de ces dynamiques est cruciale pour formuler des stratégies de paix et de développement durable dans la région.

Impact des conflits

A. Sur les populations locales

1. Displacement et réfugiés

- Les conflits dans l'Est de la RDC ont entraîné l'une des crises de déplacement les plus graves au monde. Des millions de Congolais ont été contraints de fuir leurs foyers en raison de la violence, cherchant refuge dans d'autres régions du pays ou dans des pays voisins comme l'Ouganda, le Rwanda et le Burundi. Ces déplacements massifs créent des camps de réfugiés souvent surpeuplés, où les conditions sanitaires et de vie sont précaires.

- Le déplacement des populations a également des conséquences sur les dynamiques communautaires, exacerbant les rivalités ethniques et créant de nouveaux défis d'intégration sociale et économique pour les réfugiés et les communautés d'accueil.

2. Violations des droits humains

- Les conflits armés dans l'Est de la RDC sont souvent accompagnés de graves violations des droits humains, notamment des massacres, des viols, des enlèvements et des recrutements d'enfants soldats. Les groupes armés utilisent la violence sexuelle comme arme de guerre, laissant des séquelles traumatiques profondes.

· Ces violations sont souvent documentées par des organisations internationales et des ONG, mais la responsabilité des auteurs reste rarement engagée. L'impunité généralisée contribue à un climat de peur et d'insécurité, affectant le tissu social et le bien-être psychologique des communautés.

B. Sur l'économie

3. Effondrement des services publics

· Le prolongement des conflits a gravement impacté la capacité de l'État à fournir des services publics, notamment dans les domaines de l'éducation, de la santé et de l'approvisionnement en eau. Les infrastructures détériorées, le manque de financement et la corruption alimentent ce phénomène, rendant l'accès aux services essentiels extrêmement difficile pour les populations locales.

· Le manque de gouvernance et de stabilité économique limite les investissements tant nationaux qu'internationaux, exacerbant encore la situation précaire des infrastructures et des services.

4. Impacts sur l'agriculture et le commerce

· Les conflits ont perturbé les activités agricoles, qui constituent la principale source de subsistance pour une grande partie de la population. La violence et l'insécurité rendent la culture des terres risquée et découragent le commerce. Les routes, souvent contrôlées par des groupes armés, deviennent impraticables, rendant l'accès aux marchés non seulement difficile, mais aussi dangereux.

· La chute de la production agricole et l'augmentation des prix des denrées de base plongent encore davantage les populations rurales dans la pauvreté et la famine, aggravant les tensions sociales et les révoltes populaires.

C. Sur la stabilité régionale

5. Effets sur les pays voisins

· La déstabilisation de la RDC a des répercussions sur la sécurité des pays voisins. Le flux de réfugiés, les groupes armés transfrontaliers et les dynamiques de conflit se propagent parfois, menaçant la paix et la stabilité dans des pays comme le Rwanda, l'Ouganda et le Burundi.

· Les tensions entre ces pays voisins et la RDC, souvent exacerbées par des rivalités historiques et des intérêts politiques, peuvent conduire à des escalades militaires. Cela constitue un défi pour la diplomatie régionale et pour les efforts déployés par la Communauté de l'Afrique de l'Est (CAE) et l'Union africaine pour résoudre ces crises.

6. Transnationalisation des conflits

· Les conflits congolais ont suscité une « transnationalisation » où des acteurs régionaux et internationaux, avec des intérêts variés, s'impliquent dans les dynamiques de conflit en RDC. Ces acteurs, qu'ils soient gouvernementaux, entreprises privées ou groupes armés, cherchent à tirer profit des ressources naturelles, cultivant ainsi une relativement forte interconnexion avec les conflits dans d'autres régions d'Afrique.

· Cette interconnexion complexifie les interventions humanitaires et les efforts de paix, car il est souvent nécessaire de prendre en compte les dynamiques géopolitiques plus larges qui influencent les conflits locaux.

Ces impacts des conflits dans l'Est de la RDC soulignent l'urgence de mettre en œuvre des solutions conciliatrices et durables, tant sur le plan humanitaire qu'économique et politique. Un engagement authentique envers la paix et la reconstruction est essentiel pour restaurer la stabilité dans la région et améliorer les conditions de vie des populations touchées.

Pistes de solutions

A. Renforcement de la gouvernance

1. Promouvoir la transparence et la lutte contre la corruption

· Il est crucial de mettre en place des mécanismes de transparence dans la gestion des ressources financières et naturelles. Cela pourrait inclure la création d'organismes indépendants chargés de surveiller et d'auditer les finances publiques et les contrats d'exploitation des ressources.

· Des politiques anti-corruption strictes et des systèmes de dénonciation protégés pourraient encourager les citoyens à signaler les abus sans craindre des représailles. L'éducation civique sur les droits des citoyens et les mécanismes de reddition de comptes peut également jouer un rôle clé dans la construction d'une culture de la transparence.

2. Renforcer les institutions locales

· Pour construire un État stable et efficace, il est impératif de renforcer les capacités des institutions locales. Cela peut se faire à travers des formations, des ressources financières adéquates et un soutien logistique pour améliorer leur efficacité dans la fourniture de services publics.

· En décentralisant le pouvoir de décision et en impliquant les communautés dans le processus décisionnel, on peut s'assurer que les besoins locaux sont pris en compte et que les décisions sont plus pertinentes et acceptées.

B. Gestion des ressources naturelles

3. Mettre en place un cadre légal pour l'exploitation des ressources

· Un cadre juridique solide et transparent pour la gestion des ressources naturelles est essentiel pour prévenir les abus et garantir que les revenus bénéficient réellement aux populations locales. Cela inclut l'élaboration de lois régissant l'exploration et l'exploitation des ressources, ainsi que des mécanismes clairs de redistribution des bénéfices.

· Des partenariats avec des organisations internationales pour élaborer des normes élevées en matière de droits humains et de durabilité environnementale dans le secteur extractif peuvent également être bénéfiques.

4. Favoriser un développement durable et inclusif

· La gestion durable des ressources naturelles doit devenir une priorité, englobant des pratiques d'exploitation qui préservent l'environnement et soutiennent le développement économique local. Cela peut inclure l'application de techniques agricoles durables, des systèmes de gestion responsable des forêts et des projets énergétiques renouvelables.

· En favorisant des modèles économiques inclusifs qui donnent une voix aux communautés locales dans l'utilisation et la gestion des ressources, on peut réduire les tensions et promouvoir une prospérité partagée.

C. Réconciliation et dialogue social

5. Initiatives pour la paix et la réconciliation entre communautés

· Des initiatives visant à promouvoir la paix et la réconciliation sont essentielles pour reconstruire les relations entre groupes ethniques et communautaires touchés par le conflit. Cela peut inclure des dialogues communautaires, des ateliers de sensibilisation et des programmes de réconciliation qui facilitent la compréhension mutuelle.

·

· Les cérémonies de réconciliation, où les offensés et les offensants peuvent se rencontrer et s'exprimer, peuvent devenir des espaces importants pour guérir les blessures du passé et établir des bases solides pour des relations pacifiques.

6. Importance du dialogue entre acteurs politiques et civils

· Il est crucial d'établir un dialogue constructif entre les acteurs politiques et la société civile. Les forums de discussion multipartites peuvent offrir une plateforme pour aborder les préoccupations des citoyens et créer un climat de confiance nécessaire à une gouvernance efficace.

· L'inclusion des voix marginalisées dans ces dialogues, en particulier celles des femmes et des jeunes, contribuera à enrichir le processus décisionnel et à garantir que les politiques sont en phase avec les réalités sociales.

D. Engagement communautaire

7. Renforcer le rôle des organisations de la société civile

· Les organisations de la société civile jouent un rôle clé dans la promotion de la paix, de la justice et des droits de l'homme. Il est important de renforcer leurs capacités par un soutien financier, une formation et des ressources pour qu'elles puissent mener à bien leurs missions de manière efficace.

• Ces organisations peuvent également agir comme médiateurs de dialogue entre les communautés et les autorités, facilitant la communication et l'engagement actif des citoyens dans le processus de décision.

8. Mobiliser les jeunes pour la paix

• La jeunesse est un acteur essentiel dans les efforts de paix et de développement. Des initiatives qui encouragent les jeunes à s'engager activement dans des projets de paix, d'éducation et de développement communautaire peuvent contribuer à construire un avenir plus stable.

• Des programmes de sensibilisation et de mentorat axés sur l'engagement civique et le leadership peuvent encourager les jeunes à devenir des agents de changement positif dans leurs communautés, les éloignant ainsi de la violence et des conflits.

Ces pistes de solutions nécessitent un engagement collaboratif de la part des gouvernements, des organisations internationales, des communautés locales et de la société civile. Une approche inclusive et participative peut faciliter la mise en œuvre de politiques durables qui favorisent la paix, la sécurité et le développement en République Démocratique du Congo.

Études de cas

A. Exemples de réussite dans la région

1. Initiatives locales de paix

- Le programme de Médiation Communautaire au Burundi : Ce programme a été mis en place pour renforcer la cohésion sociale dans un pays marqué par des fractures ethniques. Des médiateurs formés au niveau local ont réussi à réduire les tensions entre les communautés par des dialogues facilités, des groupes de discussion et des activités culturelles communes. Ces initiatives ont contribué à réduire les conflits de manière significative et ont renforcé les réseaux de solidarité entre les groupes.

- Le projet "Peace Trees" en Afrique de l'Ouest : Ce programme a impliqué la plantation d'arbres par des membres de différentes communautés, favorisant ainsi la coopération interethnique. En plus de restaurer des terres dégradées, ces activités ont facilité des échanges pacifiques et des discussions entre membres de communautés historiquement en conflit, renforçant les liens sociaux et créant un sentiment d'appartenance commun.

-

2. Récits de communautés ayant surmonté des conflits

- La communauté de Yambio, au Soudan du Sud : Après des violences interethniques dévastatrices, les leaders communautaires, avec le soutien d'ONG locales et d'initiatives de réconciliation, ont mis en place des dialogues réguliers. Ces dialogues ont permis de travailler sur les griefs passés et de développer des projets communs d'infrastructure et d'éducation. Aujourd'hui, Yambio est un exemple de réconciliation et de collaboration interethnique.

- La région de Kivu, en République Démocratique du Congo : Des groupes de femmes ont réussi à créer des collectivités de soutien post-conflit. Ces femmes ont organisé des ateliers pour partager leurs histoires et réintégrer les survivantes de violences basées sur le genre. En appliquant une approche centrée sur les femmes, ces initiatives ont permis de favoriser le dialogue et de renforcer la résilience communautaire.

B. Analyse des échecs

3. Projets mal conçus et leurs conséquences

· Le programme de désarmement, démobilisation et réintégration (DDR) en République Démocratique du Congo : Bien que ce programme ait eu de bonnes intentions, sa mise en œuvre a été souvent critiquée pour son manque d'intégration aux besoins locaux. De nombreux anciens combattants n'ont pas reçu un soutien adéquat pour se réintégrer dans la société, ce qui a conduit à des frustrations, des conflits non résolus et une recrudescence de la violence dans certaines zones.

· Les projets d'infrastructure imposés sans consultation : Dans plusieurs régions, des projets de développement d'infrastructures, tels que la construction de routes ou de barrages, ont été mis en œuvre sans un dialogue approprié avec les communautés locales. Cela a souvent entraîné des déplacements forcés, des pertes de terres agricoles et des tensions entre les communautés. Ces échecs ont eu pour conséquence la perte de confiance envers les autorités et les ONG.

4. Le rôle des acteurs externes

· Interventions militaires internationales : Dans certains cas, comme en Libye, les interventions militaires, bien qu'initialement justifiées par des préoccupations humanitaires, ont souvent conduit à des déstabilisations à long terme. L'absence d'un plan post-conflit solide a provoqué un vide de pouvoir et de nouvelles luttes pour le contrôle, exacerbant ainsi les conflits et la souffrance humaine.

- NGO mal orientées : Un certain nombre d'ONG internationales, en raison de leur manque de connaissances sur les dynamiques locales, ont mis en place des programmes qui n'ont pas tenu compte des réalités culturelles et politiques. Ces initiatives ont parfois créé des conflits d'intérêts ou des rivalités entre les groupes, nuisant ainsi aux efforts de paix locaux. Par exemple, la distribution d'aides alimentaires sans une compréhension des structures sociales locales a pu renforcer des inégalités existantes au lieu de favoriser la paix.

Conclusion

A. Résumé des enjeux clés

1. L'importance de la compréhension des causes des conflits**

- L'analyse approfondie des causes sous-jacentes des conflits est essentielle pour élaborer des solutions durables. Les conflits en région subsaharienne, notamment en République Démocratique du Congo, sont souvent alimentés par des facteurs multidimensionnels, tels que des rivalités ethniques, la rivalité pour les ressources naturelles, la mauvaise gouvernance et des inégalités sociales. Comprendre ces dynamiques permet de cibler les interventions de manière plus efficace et d'éviter de reproduire des scénarios d'échec.

2. La nécessité d'une approche multidimensionnelle pour la résolution

- La résolution des conflits nécessite une approche holistique qui intègre des dimensions politiques, économiques, sociales et environnementales. Une stratégie efficace doit inclure la promotion du dialogue entre les différentes parties prenantes, la gouvernance locale, le développement économique inclusif et la mise en place de mécanismes de justice transitionnelle. Ce n'est qu'en adoptant une perspective intégrative que l'on peut espérer construire une paix durable et significative.

B. Appel à l'action

3. Impliquer la communauté internationale

- L'implication des acteurs internationaux est cruciale pour soutenir les initiatives de paix et de développement. Les gouvernements et les organisations internationales doivent collaborer de manière proactive avec les États et les communautés locales pour fournir le soutien financier, logistique et politique nécessaire. Cela inclut la création de cadres de coopération qui respectent la souveraineté des nations tout en s'assurant que les voix des populations concernées soient entendues dans le processus décisionnel.

4. Encourager un engagement soutenu des acteurs locaux

- Il est impératif que les acteurs locaux, y compris les communautés, les organisations de la société civile et les gouvernements locaux, jouent un rôle proactif dans le processus de paix. Cela nécessite des investissements dans la capacité des communautés à s'organiser et à revendiquer leurs droits, ainsi qu'à se mobiliser pour des solutions qui répondent à leurs besoins spécifiques. Un engagement continu des acteurs locaux favorisera un sentiment d'appropriation et de responsabilité, ce qui est essentiel pour toute initiative de paix visant à porter ses fruits à long terme.

En conclusion, pour surmonter les défis complexes auxquels sont confrontées les régions en conflit, une coopération renforcée entre les acteurs locaux et internationaux, ainsi qu'une compréhension approfondie des dynamiques locales, sont indispensables. C'est en forgeant des partenariats solides et en adoptant une approche intégrative que l'on pourra véritablement avancer vers une paix durable et inclusive.

Annexes

A. Bibliographie et ressources supplémentaires

1. Livres et Articles

- Galtung, Johan. Peace by Peaceful Means: Peace and Conflict, Development and Civilization. Sage Publications, 1996.

- Collins, John, et al. Understanding Conflict Resolution: Strategy, Process and Structure.

Sage Publications, 2014.

- Zartman, William I. *Ripe for Resolution: Conflict and Intervention in Africa. Oxford University Press, 1989.

- Paffenholz, Thania. "Civil Society and Peacebuilding: A Critical Assessment." United Nations Research Institute for Social Development, 2010.

2. **Rapports et Études**

- United Nations Development Programme (UNDP). Journey to Extremism in Africa: Pathways to Recruitment and Disengagement. 2017.

- International Crisis Group. *The Crisis in South Sudan: Conflict Management and Peacebuilding.* 2021.

- World Bank. *From Conflict to Peace in the Democratic Republic of Congo: A Development Approach.* 2016.

3. **Ressources en ligne**

- Accord - An International Review of Peace Initiatives: [Accord](https://www.accord.org.za/)

- International Alert: [International Alert](https://www.international-alert.org/)

- The Accord Project: [The Accord Project](https://accordproject.org/)

B. Témoignages de personnes affectées par les conflits

1. **Témoignage de Marie, survivante de la violence en République Démocratique du Congo**

- "J'ai perdu ma maison et ma famille dans les conflits. Mais grâce à un programme de réinsertion pour les femmes, j'ai pu reconstruire ma vie. Nous recevons des formations et des ressources pour créer nos propres entreprises."

2. **Témoignage de Joseph, ancien combattant dans le Sud-Soudan**

- "Je ne voulais pas être un soldat, mais les circonstances m'y ont poussé. À travers le programme de désarmement et de réintégration, j'ai appris un métier et j'essaie maintenant de vivre en paix dans ma communauté."

3. **Témoignage d'Aisha, leader communautaire au Burundi**

- "Nous avons créé des espaces de dialogue entre les différentes ethnies.
Au début, c'était difficile, mais petit à petit, nous avons appris à nous écouter. Aujourd'hui, notre communauté est plus unie."

C. Informations sur les ONG et initiatives pour la paix

1. **ONG dédiées à la paix et à la réconciliation**

- **Search for Common Ground** : Organisation qui œuvre pour transformer les conflits à travers le dialogue et la collaboration.

- **Crisis Action** : Initiative qui mobilise les ONG pour mener des campagnes communes afin de protéger les individus affectés par les conflits.

- **Nonviolent Peaceforce** : Offre une présence de protection et des initiatives de renforcement de la paix dans les zones de conflit.

2. **Initiatives et programmes**

- **Le Programme de développement des Nations Unies (PNUD)** : Projets axés sur le développement durable et la résilience communautaire dans les zones touchées par des conflits.

- **La Commission de consolidation de la paix (CCP)** de l'ONU : Facilite la transition vers la paix post-conflit en apportant un soutien technique et financier.

- **Les programmes de Justice Transitionnelle** : Fournissent des mécanismes pour faire face aux violations des droits de l'homme et promouvant la réconciliation dans des sociétés post-conflit.

3. **Réseaux et coalitions**

- **La Coalition des ONG pour la Paix et la Réconciliation en Afrique** : Un réseau d'ONGs qui collaborent pour renforcer les initiatives de paix au niveau local et régional.

- **Les Initiatives locales de paix** : Projets menés par des groupes communautaires pour promouvoir la paix et le développement, souvent soutenus par des ONG locales et internationales.

Ces annexes fournissent une base de ressources et témoignages essentiels pour mieux comprendre les multiples facettes des conflits et l'importance des initiatives de paix pour un avenir durable.

Remerciements

Au seigneur Jésus-Christ et à toute personne d'une manière ou d'une autre a contribuée pour rendre palpable cet œuvre.